AF223410

Öl & Kräuter

Aromatisches für die Sinne

tosa

Inhalt

Öl und Kräuter

Schon immer waren Öl und Kräuter in der Küche wichtige Zutaten, die auch von den Menschen längst vergangener Epochen geschätzt und verwendet wurden.

Doch nicht nur in der Küche, sondern auch in der Körperpflege finden Öle Verwendung. Gewonnen werden sie aus zahlreichen Pflanzen und Getreidearten. Die Öle werden mit duftenden Kräutern kombiniert, wie sie auf den Wiesen und in unseren Gärten zu finden sind.

Beim Blättern in diesem Büchlein können Sie in eine Welt von aromatischen Kräutern und Ölen eintauchen, angereichert mit vielen Zitaten, Aphorismen, nützlichen Ratschlägen, Hinweisen, Wissenswertem und Anekdoten. Darüber hinaus finden Sie zahlreiche leckere Rezepte und geschmacksintensive Zubereitungen, allesamt auf der Grundlage von Öl und Kräutern. Lassen Sie sich inspirieren und bereichern Sie Ihren Speiseplan mit den Düften und Kräutern, die die Natur zu bieten hat.

Öl & Kräuter

Bruschetta mit weißen Bohnen

Für 4 Personen: • **4 Scheiben** Mischbrot • **100 g** gegarte weiße Bohnen (Dose)
• **4 EL** Olivenöl Extra Vergine • **1** Knoblauchzehe • **1 EL** glatte Petersilie, fein gewiegt
• Salz und Pfeffer

Die Brotscheiben in einer antihaftbeschichteten Pfanne oder unter dem Backofengrill für wenige Minuten rösten. Die Bohnen abschütten, mit warmem Wasser abspülen und gut abtropfen lassen. Dann die Bohnen in eine Schüssel geben und mit etwas Öl, Salz und Pfeffer würzen. Die Knoblauchzehe abziehen und damit die goldbraun gerösteten Brotscheiben einreiben. Etwas Öl, Salz und Pfeffer auf die Brotscheiben geben und dann die Bohnen darauf verteilen. Die Bruschetta noch lauwarm mit der Petersilie bestreuen und servieren.

10 Minuten 5 Minuten leicht Colli Martani Grechetto

*D*ie Völker des Mittelmeerraumes fanden einen Ausweg aus der Barbarei, als sie den Anbau von Wein und Oliven erlernten.

Thukydides (ca. 454–399 v. Chr.)
Historiker

Thunfisch-Carpaccio mit Zitronenöl

Für 4 Personen

- **2** Karotten
- **½** Salatgurke
- **1 Stange** Sellerie
- **1** Frühlingszwiebel
- **2 EL** Olivenöl Extra Vergine, mild

- **3 Tropfen** Zitronenöl
- **400 g** frischer Thunfisch
- **2 EL** Sesamöl
- **½ EL** Petersilie, fein gewiegt
- Salz und Pfeffer

 *15 Minuten*  *leicht*  *Lugana*

Thunfisch-Carpaccio mit Zitronenöl

Die Karotten waschen, die Salatgurke schälen und beides in Würfel schneiden. Die Selleriestange waschen, die äußeren Fäden abziehen und in feine Scheiben schneiden. Die Frühlingszwiebel fein hacken. Olivenöl, Zitronenöl und eine Prise Salz verrühren. Den Thunfisch in Scheiben schneiden und jeweils eine Scheibe zwischen zwei Stücke Frischhaltefolie legen. Behutsam mit dem Fleischklopfer zu dünnen Scheiben klopfen. Das Gemüse in einer Schüssel mit dem Sesamöl vermischen. Nach Belieben mit Salz und Pfeffer würzen. 10 Minuten ziehen lassen. Die dünn geklopften Thunfischscheiben auf Tellern anrichten, das Zitronenölgemisch und die Gemüsemischung darübergeben, mit der fein gewiegten Petersilie bestreuen und vor dem Servieren noch einige Minuten ziehen lassen.

Interessant!

Ölessenzen sollten in der Küche sparsam verwendet werden. Bereits wenige Tropfen (1–2) sind ausreichend, um einem Gericht eine deutliche Geschmacksrichtung zu geben. Außerdem sollte man Ölessenzen vor Gebrauch stets verdünnen, z. B. mit Sahne, Joghurt, Eiweiß, aber auch mit Pflanzenölen oder Milch.

*D*ank seines therapeutischen Nutzens und seines Nährwertes verlieh Homer dem Olivenöl den Beinamen „*flüssiges Gold*".

*H*ier riecht es nach Zitronenmelisse,
dort liegt der *Duft* von Lavendel in der Luft.

Marino Moretti (1885–1979)
Dichter

Kaninchen in Öl

Für 1 Einmachglas: • **1** Karotte • **1** Zwiebel • **2 Stangen** Sellerie • **½ Glas** Weißwein • **4** Knoblauchzehen • **2** Lorbeerblätter • **4–5** Pfefferkörner • **½** Kaninchen • **1 Spritzer** Weißweinessig • **2 Zweige** Rosmarin • **10** schwarze Oliven, entsteint • **6 EL** Olivenöl Extra Vergine • Salz

Das gewaschene und geschälte Gemüse klein schneiden und in 2 l Wasser kochen. Weißwein, Knoblauch und Gewürze hinzufügen. Das Kaninchen mit Wasser und Essig abwaschen, in Stücke schneiden und 20 Minuten in der Gemüsebrühe kochen. Das Fleisch abkühlen lassen und von den Knochen lösen. Den Rosmarin waschen und trocken schütteln. Das Fleisch mit den Oliven und dem gewaschenen und getrockneten Rosmarin in ein sterilisiertes Glas füllen, mit Öl abdecken und verschließen. In kochendem Wasser pasteurisieren und abkühlen lassen.

 *30 Minuten*    *25 Minuten*    *mittel*    *Friuli Collio Sauvignon*

*S*chon immer war das Öl ein Symbol
für Wohlstand und Fruchtbarkeit.
Früher wurden sogar die Pflüge mit
Öl übergossen, bevor man damit
die Felder bestellte.

Kroketten in Mandelkruste

Für 4 Personen: • **4** Kartoffeln • **60 g** gehobelte Mandeln • **1 Zweig** Thymian • Salz und Pfeffer
Zum Frittieren: Erdnussöl • **2 EL** Sesamsamen

Die Kartoffeln in Salzwasser weich kochen, abgießen und schälen. Mit einer Gabel zerdrücken. Die gehobelten Mandeln in einer antihaftbeschichteten Pfanne einige Minuten rösten und unter die Kartoffeln mischen. Den Thymian waschen und trocken schütteln, die Blättchen von den Zweigen zupfen, zu den Kartoffeln geben und alles mit Salz und Pfeffer abschmecken. Den Kartoffelteig zu Kroketten formen und in Sesamsamen wälzen. Eine ausreichende Menge Öl erhitzen und die Kroketten darin ausbacken. Sofort servieren.

 *20 Minuten*    *40 Minuten*    *leicht*    *Prosecco di Conegliano e Valdobbiadene Brut*

*E*rdnussöl ist zum Frittieren besonders gut geeignet: Es ist hitzebeständig und hat fast keinen Eigengeschmack.

Öl, Eisen und Salz
sind *königliche* Waren.

Italienisches Sprichwort

Kichererbsen-Flan mit Venusmuscheln

Für 4 Personen

Für den Flan:

- **110 g** Kichererbsen
- **60 ml** süße Sahne
- **1** Ei
- **1** Eigelb
- **2 TL** Speisestärke
- **1 Stück** Butter, nussgroß
- **1 EL** Semmelbrösel
- Salz und Pfeffer

Für das Muschel-Ragout:

- **300 g** Venusmuscheln
- **2** Knoblauchzehen
- **2 EL** Olivenöl Extra Vergine
- **1 EL** Petersilie, fein gewiegt
- **1** Tomate

 *25 Minuten*    *80 Minuten*    *mittel*    *Bolgheri Bianco*

Kichererbsen-Flan mit Venusmuscheln

Die Kichererbsen über Nacht einweichen und gar kochen. Mit etwas Sahne und 2 EL des Kochwassers pürieren und durch ein Sieb streichen. Die restliche Sahne, geschlagenes Ei und Eigelb, Speisestärke und etwas Salz und Pfeffer dazugeben und vermischen. Den Backofen auf 180 °C (Umluft 160 °C) vorheizen. Vier feuerfeste Förmchen mit Butter einfetten und mit Semmelbröseln ausstreuen. Die Masse einfüllen und im Backofen 25 Minuten backen. In der Zwischenzeit die Venusmuscheln gründlich reinigen. Den Knoblauch abziehen und zerdrücken. Die Muscheln mit dem Knoblauch und dem Olivenöl in einer Pfanne erhitzen, bis sie sich öffnen. Das Muschelfleisch herauslösen und mit der Petersilie bestreuen. Den entstandenen Fond filtern und beiseitestellen. Das Muschelfleisch klein schneiden. Die Tomate fein würfeln und mit dem Fond zum Muschelfleisch geben. Mit dem Kichererbsen-Flan auf Tellern anrichten.

Zur Herstellung dieser leckeren Butter-
zubereitungen werden der weichen Butter
Kräuter wie Salbei, Rosmarin oder Schnittlauch zugegeben. Anschließend wird die in
Förmchen gefüllte Butter zum Festwerden
in den Kühlschrank gestellt.

Gurkensalat mit Chicorée und Minze

Für 4 Personen

Für den Salat: • **2** Salatgurken • **2 Köpfe** Chicorée • **200 g** griechischer Joghurt

Für das Dressing: • Saft einer **½** Zitrone • **2 EL** Olivenöl Extra Vergine • **10 Blätter** Minze
• Salz und Pfeffer

Zitronensaft und Olivenöl mit Salz und Pfeffer in einer Schüssel verrühren. Die Minzeblättchen zerpflücken und dazugeben. Das Dressing 1 Stunde ziehen lassen. Die Salatgurke schälen und in feine Scheiben schneiden. Den Chicorée waschen, trocknen und in feine Stücke schneiden. Die Gurken und den Chicorée mit dem griechischen Joghurt auf Tellern anrichten. Zum Schluss das Dressing auf den Salat träufeln und servieren.

 20 Minuten 🎩 leicht

*S*ei wie das Öl in der Lampe: Gib sowohl den Menschen als auch den Dingen neue *Kraft*.

Redewendung aus Italien

*O*livenöl schützt die Haut vor der Alterung, verhindert Dehnungsstreifen, reguliert die Melaninproduktion und beugt Altersflecken vor.

Kartoffeln mit geräucherter Gänsebrust und Orangen

Für 4 Personen

- **3** gelbfleischige Kartoffeln
- **3** Orangen, davon eine unbehandelt
- **2 EL** Olivenöl Extra Vergine
- **1 EL** Zucker
- **1** geräucherte Gänsebrust
- **1** Lorbeerblatt
- **3–4** Wacholderbeeren
- **1 Stück** Butter, nussgroß
- **1 Prise** Speisestärke
- **1 EL** Petersilie, fein gewiegt
- Salz und Pfeffer

 *15 Minuten*    *30 Minuten*    *leicht*    *Alto Adige Pinot Nero*

Kartoffeln mit geräucherter Gänsebrust und Orangen

Die Kartoffeln mit der Schale in kaltem Salzwasser aufsetzen und gar kochen. Die Orangen entsaften, den Saft filtern und beiseitestellen. Von der unbehandelten Orange etwas Schale abreiben und dem Olivenöl zugeben. Den Orangensaft in einer Kasserolle mit dem Zucker vermischen, das Lorbeerblatt und die Wacholderbeeren zufügen und bei geringer Hitzezufuhr einkochen. Butter und Stärke zugeben und alles mit Salz und Pfeffer abschmecken. Die gegarten Kartoffeln schälen und in Scheiben schneiden. Die Gänsebrust in dünne Scheiben schneiden und mit den Kartoffelscheiben auf Tellern anrichten. Die eingekochte Soße und das Orangen-Olivenöl darüberträufeln. Mit Petersilie bestreuen und servieren.

Und noch eine Idee ...

Die geräucherte Gänsebrust kann auch durch
100 g Speck ersetzt werden, der in mitteldicke
Scheiben geschnitten wird.

Die Schale und der Saft von unbehandelten Orangen, Zitronen und Mandarinen sind zur Herstellung von Salatdressings vorzüglich geeignet. Man reibt etwas Schale ins Dressing und lässt es ziehen. Dann wird es gefiltert und kann weiterverarbeitet werden.

Peperoni mit Thunfischfüllung

Für 4 Personen

Für die Peperoni:
- **12** rote, runde Peperoni, frisch
- **5 EL** Weißweinessig

Für die Füllung:
- **180 g** Thunfisch in Öl
- **1** Knoblauchzehe

- **5** Sardellenfilets in Öl
- **5–6** Kapern, abgetropft
- **200 ml** Olivenöl
- Oregano
- **1 EL** Petersilie, fein gewiegt
- Salz und Pfeffer

 *30 Minuten*    *5 Minuten*    *leicht*

Peperoni mit Thunfischfüllung

Die Peperoni waschen und trocknen, den Stielansatz und die Kerne entfernen. Dabei die Hände wegen der Schärfe mit Latex-Handschuhen schützen. Die Peperoni in einer Kasserolle mit ausreichend Salzwasser und dem Essig ca. 5 Minuten kochen. Darauf achten, dass sie nicht zu weich werden. Abgießen und in Wasser mit Eiswürfeln legen. Für die Füllung den Thunfisch mit den Kapern, den Sardellen, dem abgezogenen Knoblauch, etwas Oregano und der Petersilie pürieren. Mit Salz und Pfeffer abschmecken. Die Füllung mit einem Teelöffel in die Peperoni geben. Die gefüllten Peperoni in ein sterilisiertes Gefäß legen, mit Olivenöl übergießen und verschlossen ca. 2 Wochen ruhen lassen.

Und noch eine Idee ...

Das Öl der gefüllten Peperoni kann zum Würzen
von Salat oder Pasta-Gerichten verwendet werden.

Petersilie kann überall eingesetzt werden. Sie enthält viel Vitamin C und sollte stets frisch verarbeitet werden. Besonders gut passt sie zu Fisch, Kartoffelgerichten und vielen ersten Gängen.

*B*ei der sanften Aroma-Therapie kommt es zu keinem direkten Kontakt zwischen Öl und Haut: Die Duftstoffe entfalten ihre Wirkung auf den Geist über den Geruchssinn.

Pinzimonio

Für 4 Personen

- **1 Stange** Sellerie
- **1** rote Paprika
- **1** gelbe Paprika
- **2 Bund** Radieschen
- **2** Fenchel
- **3** frische Artischocken
- **4** Frühlingszwiebeln
- **2** Tomaten
- **2** Karotten
- **1** Salatgurke

- **1 Kopfsalat**
- **2** Radicchio

Für die Vinaigrette:

- **1 EL** Rotweinessig
- **3 EL** Olivenöl Extra Vergine
- Senf
- evtl. Salatkräuter (Petersilie, Schnittlauch)
- Salz und Pfeffer

 20 Minuten  leicht

Pinzimonio

Das Gemüse waschen und trocknen. Den Sellerie von den äußeren Fäden befreien und in Stifte schneiden. Die Paprika halbieren, Stielansätze und Kerne entfernen und in Streifen schneiden. Die Radieschen und den Fenchel vierteln. Von den Artischocken die äußeren Blätter entfernen und nur die Herzen zurückbehalten, die in feine Spalten geschnitten werden. Die Frühlingszwiebeln in der Mitte längs halbieren, die Tomaten vierteln. Die Karotten und die Salatgurke schälen und in Stifte schneiden. Den Salat und den Radicchio putzen und die einzelnen Blätter ablösen. Das Gemüse auf einem Servierteller anordnen und die Vinaigrette zubereiten. Dafür den Essig mit dem Öl verrühren und Salz und Pfeffer zufügen. Senf und nach Belieben Kräuter dazugeben. Die Vinaigrette in eine Sauciere oder in kleine Schüsselchen füllen und zu dem Gemüse servieren.

$\mathcal{U}$nd noch eine Idee ...

Für einen besonders herzhaften Geschmack kann zum Pinzimonio auch eine Bagna Cauda aus dem Piemont gereicht werden. Zu deren Herstellung lässt man 5 klein gehackte Knoblauchzehen 1 Stunde in 300 ml Milch ziehen. 200 g Sardellen abtropfen lassen und in Weißwein legen. Die abgetropften Sardellen und den Knoblauch in eine Kasserolle geben, 200 ml Olivenöl hinzufügen und bei geringer Hitze köcheln lassen. Gelegentlich umrühren und erhitzen, bis alles eine breiartige Konsistenz hat. 70 g Butter dazugeben und kurze Zeit später 3 EL süße Sahne. Alles gut durchrühren und servieren.

*D*as Öl und die
Wahrheit gelangen
stets an die Oberfläche.

Sprichwort aus der Toskana

*V*iele Dinge haben einen guten Geruch. Ein Strauß Lavendel riecht gut. Suppenfleisch riecht gut. Die arabischen Gärten riechen gut.

Patrick Süskind (geb. 1949)
Schriftsteller

Geräucherter Schwertfisch und Thunfisch mit weißer Melone

Für 4 Personen

- **½** weiße Melone
- **2 Scheiben** Vollkorntoast
- **3 EL** Olivenöl Extra Vergine, mild
- **200 g** geräucherter Schwertfisch, in Scheiben geschnitten
- **150 g** geräucherter Thunfisch, in Scheiben geschnitten

- **1** rosa Grapefruit, unbehandelt
- Schnittlauch
- weißer Pfeffer
- Salz

 *10 Minuten*  *5 Minuten*  *leicht*  *Friuli Isonzo Pinot Bianco*

Geräucherter Schwertfisch und Thunfisch mit weißer Melone

Den Backofen auf 180 °C (Umluft 160 °C) aufheizen. Die Melone schälen und in Stücke schneiden. Den Vollkorntoast würfeln und mit etwas Olivenöl beträufelt im Backofen 5 Minuten rösten. Das geröstete Brot zu den Melonenstücken geben, mit Salz und Pfeffer würzen und auf Tellern verteilen. Den in Scheiben geschnittenen Fisch darüberlegen. Aus dem Grapefruitsaft, 2 EL Olivenöl und dem fein geschnittenen Schnittlauch eine Zitronette zubereiten und über die Speise träufeln. Die Teller nach Belieben mit einem Stück Grapefruitschale dekorieren und servieren.

Interessant!

Bei der Verarbeitung der Grapefruitschale sollte nur die äußere Schicht verwendet werden. Die weiße innere Schalenschicht hat einen bitteren Geschmack und ist für den Einsatz in der Küche nicht geeignet.

*D*ie wohltuende Wirkung des Olivenöls ist auf die darin enthaltenen Antioxidationsmittel (wie Phenole und Tocopherole) zurückzuführen, die den Cholesterinspiegel senken können.

*I*n der Antike wurde Olivenöl zur Massage der Muskeln von Kriegern und Kämpfern verwendet.

Toma-Käse in Öl

Für 1 Einmachglas: • **200 ml** Olivenöl Extra Vergine, mild • **1 TL** rosa Pfefferkörner • **400 g** Toma-Käse aus dem Piemont • **1 EL** Kapern, abgetropft • Oregano

Olivenöl und Pfefferkörner in eine Kasserolle geben und 5–6 Minuten bei mittlerer Hitze auf dem Herd lassen, damit der Pfeffer sein Aroma ins Öl abgibt. In der Zwischenzeit den Toma-Käse in Würfel schneiden und mit den gut abgetropften Kapern in ein sauberes Glas geben. Das Öl mit etwas Oregano mischen und dann über den Toma-Käse geben, bis dieser mit Öl bedeckt ist. Das Glas verschließen und über Nacht bei Zimmertemperatur ziehen lassen. Der in Öl eingelegte Toma-Käse kann im Kühlschrank bis zu zwei Wochen aufbewahrt werden.

 15 Minuten    5 Minuten    leicht

*E*s ist überraschend, wie der Pfeffer in Mode gekommen ist. Bei den anderen Früchten und Gewürzen sind es ihre Süße und ihr Erscheinungsbild, die uns anziehen. Der Pfeffer hat im Vergleich dazu nichts an sich, was unsere Aufmerksamkeit erregen könnte.

Plinius d. Ä. (23–79 n. Chr.)
Schriftsteller und Philosoph

Warmer Bohnen-Heringssalat

Für 4 Personen: • **300 g** frische Wachtelbohnen • **1** Zwiebel • **3** Heringsfilets • Suppengemüse und -kräuter (Sellerie, Karotte, Lorbeer, Salbei) • Olivenöl Extra Vergine • Chili • Essig

Die Bohnen mit dem gewaschenen und grob geschnittenen Suppengemüse und den Suppenkräutern in einem Dampfdrucktopf garen. In der Zwischenzeit die Zwiebel fein hacken und den Hering in kleine Stücke schneiden. Beides in eine Schüssel geben und mit etwas zerriebenem Chili würzen. Die heißen, abgetropften Bohnen hinzufügen und alles mit Essig und Öl beträufeln. Die Schüssel abdecken und den Salat mindestens 20 Minuten ziehen lassen. Noch warm servieren.

 5 Minuten  25 Minuten  leicht  Grignolino del Monferrato

*M*it den Begriffen „Suppengemüse" und „Suppenkräuter" sind in der Gastronomie verschiedene Gewürzkräuter sowie die Würzgemüse Sellerie, Karotte, Zwiebel und Knoblauch gemeint.

*D*er uralte Ruhm Apuliens geht auf sein Obst,
sein Gemüse und sein *köstliches* Öl zurück.

Aus dem Kalender von:
Frate Indovino

Frühlingssuppe mit Roggennudeln

Für 4 Personen

- **1** Zwiebel
- **2** Karotten
- **1 Stange** Sellerie
- **4 EL** Olivenöl Extra Vergine
- **100 g** Erbsen
- **100 g** Ackerbohnen

- **1 TL** Tomatenmark
- **100 g** Mangold
- **120 g** Roggen-Tagliatelle
- Basilikum
- Salz

 10 Minuten  25 Minuten  leicht  Bolgheri Bianco

Frühlingssuppe mit Roggennudeln

Das Gemüse waschen, trocknen und putzen. Die Zwiebel abziehen, in der Mitte halbieren und dann in Scheiben schneiden. Die Karotten schälen, den Sellerie von den äußeren Fäden befreien, alles würfeln und mit 2 EL Öl, der geschnittenen Zwiebel und etwas Salz in einer Kasserolle schmoren. Erbsen, Ackerbohnen und Tomatenmark hinzufügen, mit 1 l Wasser ablöschen und zum Kochen bringen. Die Suppe mit Salz abschmecken und 10–15 Minuten bei mittlerer Hitze köcheln lassen. Den Mangold in feine Streifen schneiden, dazugeben und die Suppe erneut aufkochen lassen. Die Tagliatelle hinzufügen und alles noch für die Dauer der Kochzeit der Tagliatelle kochen. Die Suppe vor dem Servieren mit dem restlichen Olivenöl beträufeln und mit grob zerschnittenen Basilikumblättern bestreuen.

Interessant!

Der Roggen ist eine Getreideart von altem Ursprung, ähnlich dem Weizen. Roggenmehl kann sowohl hell als auch dunkel sein. Es wird verwendet zur Herstellung von Brot und Vollkornnudeln von säuerlichem Geschmack. Es wird insbesondere in Nordeuropa sehr geschätzt.

*D*er Olivenbaum stammt ursprünglich aus Kleinasien und wird seit der Antike im Mittelmeerraum angepflanzt.

Orecchiette mit grüner Soße

Für 4 Personen

Für die Pasta:
- **280 g** Hartweizengrieß

Für die Soße:
- **150 g** frischer Spinat
- **150 g** Mangold

- **1** Knoblauchzehe
- **4 EL** Olivenöl Extra Vergine
- **1** Chilischote
- **1 EL** Parmesan, gerieben
- **100 g** Feta-Käse
- Salz und Pfeffer

 *35 Minuten*  *15 Minuten*  *leicht*  *Alto Adige Pinot Bianco*

Orecchiette mit grüner Soße

Für die Pasta den Grieß nach Packungsanweisung in Wasser einweichen und abgedeckt 20 Minuten ruhen lassen. Das gewaschene und geputzte Gemüse in Salzwasser 5 Minuten kochen und danach gut ausdrücken. Den Knoblauch abziehen, in Scheiben schneiden und in etwas Öl erhitzen, die Chilischote zerkleinern und hinzufügen. Öl und Gemüse pürieren, mit Salz und Pfeffer abschmecken und eventuell noch etwas Wasser zufügen. Den geriebenen Parmesan und den zerbröckelten Feta unterrühren.

Den eingeweichten Hartweizengrieß zu einem geschmeidigen Teig verarbeiten. Aus dem Pastateig lange Würstchen formen und in Stücke von gleicher Größe schneiden. Die Pastastücke zu Orecchiette formen, d. h. mit dem Daumen in der Mitte eindrücken und auf einer bemehlten Arbeitsfläche ablegen. Die Orecchiette in kochendem Salzwasser garen und mit der Gemüsesoße servieren.

Interessant!

Mangold ist der krautige Teil des Stiel- oder Rippenmangolds, der auch rot pigmentiert sein kann. Er gehört zur Familie der Rübengewächse, hat jedoch keine verdickte Wurzel, dafür aber größere Blätter.

*O*livenöl gilt als wahres Schönheitselixier und wird als wesentlicher Bestandteil vieler kosmetischer Artikel eingesetzt.

*W*enn die inneren Teile des Knoblauchs vor dem Verzehr entfernt werden, kann ein unangenehmer Mundgeruch zumindest teilweise vermieden werden.

Penne mit Bohnen und Pinienkernen

Für 4 Personen

- **350 g** grüne Bohnen
- **1** Zwiebel
- **1** Knoblauchzehe
- **4 EL** Olivenöl Extra Vergine

- **6 Blätter** Basilikum
- **350 g** Penne lisce
- **20 g** Pinienkerne
- Salz und Pfeffer

 *25 Minuten*  *30 Minuten*  *leicht* *Vermentino della Riviera Ligure di Ponente*

Penne mit Bohnen und Pinienkernen

Die Bohnen waschen, putzen und in Salzwasser ca. 10 Minuten kochen. Die Bohnen abgießen und den Sud warmhalten. Die Zwiebel abziehen und hacken. Die Knoblauchzehe abziehen und zerdrücken. Zwiebel und Knoblauch in Olivenöl anbraten. Die Bohnen, ½ Glas Wasser und Salz und Pfeffer dazugeben. Noch weitere 10–15 Minuten kochen lassen, dann abkühlen lassen. Den Bohnen noch etwas von dem Sud und den Basilikum zufügen und alles mit dem Pürierstab zu einer homogenen Soße pürieren. Mit Salz und Pfeffer abschmecken und warm stellen. Die Nudeln im Bohnensud bissfest kochen. Die Pinienkerne in einer antihaftbeschichteten Pfanne anrösten. Die Nudeln abgießen und mit dem Gemüse-Pesto auf Tellern anrichten. Vor dem Servieren mit etwas Pfeffer und den gerösteten Pinienkernen bestreuen und mit Olivenöl beträufeln.

Interessant!

Olivenöl hat Inhaltsstoffe mit antioxidativen
Eigenschaften, die jedoch lichtempfindlich sind.
Es sollte bei Zimmertemperatur (im Sommer
an einem kühlen Ort) und lichtgeschützt aufbewahrt werden.

*B*asilikum ist eines der gebräuchlichsten Küchenkräuter. Es wird hauptsächlich in Pastasoßen und für Tomatengerichte eingesetzt. Frisch kann es für Salate und viele Gemüse- und Fleischzubereitungen verwendet werden.

*D*ie Kultur des Mittelmeerraums wurde wesentlich vom Olivenanbau bestimmt. Zusammen mit Wein und Weizen hat die Olive den Menschen auf seinem langen und mühsamen Weg zum Fortschritt begleitet.

Aus dem Kalender von:
Frate Indovino

Trofie mit Walnuss-Soße

Für 4 Personen

- **300 g** Walnusskerne
- **1** Knoblauchzehe
- **50 g** Brotkrümel
- **1 Glas** Milch

- **5 EL** Olivenöl Extra Vergine
- **6 EL** Parmesan
- **400 g** Trofie
- Salz

 20 Minuten    15 Minuten    leicht    Riviera Ligure di Ponente Pigato

Trofie mit Walnuss-Soße

Die Walnusskerne für einige Minuten in warmem Wasser einweichen und von der Haut befreien. Den Knoblauch abziehen. Die Brotkrümel in Milch einweichen. Danach die Walnusskerne im Mörser mit etwas Salz, dem Knoblauch und den gut ausgedrückten Brotkrümeln zerstoßen. Alles durch ein Sieb passieren, Öl und geriebenen Parmesan zufügen.

Die Trofie in ausreichend Salzwasser kochen, abgießen und etwas von dem Sud beiseitestellen. Die Trofie mit der Walnuss-Soße noch heiß auf Tellern anrichten und bei Bedarf mit etwas Sud verdünnen.

Interessant!

Trofie sind eine Nudelspezialität aus Ligurien.
Traditionell werden sie mit Pesto, gekochten
Kartoffeln und grünen Bohnen serviert.

*A*m besten weder Salz noch Öl dazugeben.
*(Sich aus einer Angelegenheit heraushalten und
sie ihren eigenen Gang nehmen lassen.)*

Italienische Redewendung

Kichererbsensuppe mit Lauch und frischen Bandnudeln

Für 4 Personen

Für den Nudelteig:

- **320 g** Mehl
- **3** Eier
- Salz

Für die Suppe:

- **150 g** Kichererbsen
- **3** Knoblauchzehen
- **3–4** Salbeiblätter

- **1** Zwiebel
- **3 EL** Olivenöl Extra Vergine
- **1** Karotte
- **1** Selleriestange
- **1 l** Gemüsebrühe
- **2** Tomaten
- **1 Zweig** Rosmarin
- Salz und Pfeffer

 *30 Minuten*    *50 Minuten*    *mittel*    *Bardolino Chiaretto*

Kichererbsensuppe mit Lauch und frischen Bandnudeln

Die Kichererbsen über Nacht einweichen und mit dem Knoblauch und dem Salbei im Dampfdrucktopf 40 Minuten kochen. Mehl, Eier und Salz zu einem geschmeidigen Nudelteig verarbeiten, in Frischhaltefolie einwickeln und ruhen lassen. Den Rosmarin waschen, trocken schütteln und fein wiegen. Das Gemüse und die Zwiebel waschen, putzen, fein schneiden und in etwas Öl dünsten. Dann die abgetropften Kichererbsen dazugeben und mit Gemüsebrühe ablöschen. Salz und Pfeffer zufügen und 10 Minuten kochen lassen. Die Tomaten heiß überbrühen und enthäuten, die Kerne entfernen und würfeln. Den Nudelteig dünn ausrollen und ca. 1 cm breite Bandnudeln ausschneiden. Die Nudeln in kochendem Salzwasser oder in Gemüsebrühe garen, abgießen und zusammen mit den Tomatenwürfeln in die Suppe geben. Heiß auf Tellern anrichten und nach Belieben mit fein gewiegtem Rosmarin servieren.

Eine Empfehlung

Kichererbsen reifen zwischen Juni und Oktober, im Handel sind sie jedoch fast nur getrocknet oder gekocht in der Dose erhältlich. Beim Kauf von getrockneten Kichererbsen sollte darauf geachtet werden, dass die Ware nicht älter ist als eineinhalb Jahre und keine Bruchstellen oder kleine Löcher aufweist.

Der Name „Rosmarin" kommt vom lateinischen „ros marinus" und bedeutet „Tau des Meeres".

Kichererbsensuppe mit Rosmarin

Für 4 Personen

- **200 g** Kichererbsen
- **2** Knoblauchzehen
- **1** Lorbeerblatt
- **40 g** Zwiebeln
- **40 g** Sellerie
- **40 g** Karotten

- **4 EL** Olivenöl Extra Vergine
- **1** scharfe Peperoni
- **½ Glas** Rotwein
- **1 l** Gemüsebrühe
- **1 Zweig** Rosmarin
- Salz

 *25 Minuten*  *60 Minuten*  *leicht*  *Chianti Classico*

Kichererbsensuppe mit Rosmarin

Die Kichererbsen über Nacht einweichen und im Dampfdrucktopf mit der abgezogenen Knoblauchzehe und dem Lorbeerblatt in Salzwasser ca. 40 Minuten kochen. Die Zwiebel abziehen und hacken, Sellerie und Karotte schälen und klein schneiden.

Rosmarin waschen, trocken schütteln und fein wiegen. Das Gemüse mit der übrigen abgezogenen Knoblauchzehe in einer Kasserolle in Öl anbraten. Die Peperoni und die abgetropften Kichererbsen dazugeben und alles einige Minuten köcheln lassen.

Mit Rotwein ablöschen, die Gemüsebrühe angießen und weitere 20 Minuten kochen lassen. Ein Drittel der Suppe mit dem Pürierstab pürieren und wieder zum Rest dazugeben. Mit Salz und Pfeffer abschmecken und heiß mit reichlich Rosmarin auf Tellern anrichten.

Eine Empfehlung

Aufgrund ihres hohen Eiweißgehalts sind Hülsenfrüchte für eine gesunde Ernährung von großer Bedeutung. Vor allem bei vegetarischer Kost sollte man Hülsenfrüchte häufig auf den Speiseplan setzen.

Olivenöl Extra Vergine könnte als „Freund des Herzens" bezeichnet werden. Tatsächlich leiden die Mittelmeervölker dank ihrer Ernährung ausgesprochen selten an Herz-Kreislauf-Erkrankungen.

*E*s gibt viele verschiedene Pflanzen-
ölsorten. Die wichtigsten werden aus
Sonnenblumenkernen, Mais, Erdnüssen
oder aus Soja gewonnen. Grundsätzlich
sind jene Öle vorzuziehen, die aus einer
einzigen Pflanzenart hergestellt werden.

Ackerbohnensuppe mit Jakobsmuscheln und Trüffel

Für 4 Personen

- **200 g** Ackerbohnen
- **1** Kartoffel
- **1** Frühlingszwiebel
- **1** Lorbeerblatt
- **6 EL** Olivenöl Extra Vergine
- **100 ml** Fischfond

- **4 Scheiben** Colonnata-Speck
- **12** Jakobsmuscheln
- **1** schwarzer Trüffel
- **1** Knoblauchzehe
- **4 Zweige** Thymian
- Salz und Pfeffer

 40 Minuten  30 Minuten  mittel  Roero Arneis

Ackerbohnensuppe mit Jakobsmuscheln und Trüffel

Die Hälfte der Ackerbohnen in Wasser kochen, die Kartoffel garen. Die rohen Ackerbohnen in Stücke schneiden. Die Frühlingszwiebel waschen, trocknen, hacken und mit dem Lorbeerblatt in 2 EL Olivenöl glasig dünsten, dann die geschälte und in Stücke geschnittene Kartoffel und die zerkleinerten rohen Ackerbohnen dazugeben. Mit Fischfond ablöschen und 7 Minuten kochen. Die Speckscheiben jeweils in 3 Teile schneiden. Die Jakobsmuscheln gründlich reinigen, abtupfen, salzen und pfeffern und in die Speckstücke einwickeln. Die Suppe mit dem Pürierstab pürieren. Die Jakobsmuscheln auf beiden Seiten mit wenig Öl in einer Pfanne anbraten. Den Trüffel in Blättchen schneiden und 5 Minuten in lauwarmem Öl ziehen lassen. Die gekochten Ackerbohnen mit Öl, Knoblauch, Salz und Pfeffer in einer Pfanne schwenken. Die Suppe auf Tellern anrichten, dabei jeweils 3 Jakobsmuscheln, einige Trüffelblättchen und Ackerbohnen auf jedem Teller verteilen. Mit einem Thymianzweig garnieren.

Thymian ist ein besonders wertvolles Küchenkraut. Es eignet sich sehr gut zum Würzen von gekochtem Gemüse und Fisch, zum Verfeinern von Suppen und Gerichten aus Hülsenfrüchten, Bratkartoffeln und Fleisch.

Rinderfilet mit grüner Soße

Für 4 Personen

- **1** Ei
- **500 g** Rinderfilet
- **1** Knoblauchzehe

- Petersilie, fein gewiegt
- **4 EL** Olivenöl Extra Vergine
- Salz und Pfeffer

15 Minuten 10 Minuten leicht Brunello di Montalcino

Rinderfilet mit grüner Soße

In einem Topf Wasser zum Kochen bringen und darin das Ei 5 Minuten kochen. Das Filet in 4 Scheiben schneiden und um den äußeren Rand jeweils einen Faden binden, damit die Filetscheiben beim Garen fest und saftig bleiben. Das Ei pellen, halbieren und das feste Eiweiß herausnehmen. Den Knoblauch abziehen und das Innere herausschneiden. Das Eiweiß zusammen mit der Petersilie, dem Knoblauch, dem Olivenöl, etwas Salz und Pfeffer mit dem Pürierstab grob zu einer grünen Soße pürieren und beiseitestellen. Die Filetscheiben auf jeder Seite 3 Minuten kräftig braten oder grillen, sodass sie von außen gebräunt und innen noch blutig sind. Die Filetscheiben jeweils mit einer kleinen Menge grüner Soße auf Tellern anrichten.

*I*nteressant!

Mit dem Begriff „Rindfleisch" wird das Fleisch von mehr als 12 Monate alten Tieren bezeichnet. Es bestehen feste Regeln für die korrekte Zerteilung eines Rinds. Die üblichen Fleischstücke werden aus der Oberschale, dem Filet, der Hüfte und dem Rücken geschnitten.

*B*ei Migräne-Patienten
kann eine sanfte Massage
der betreffenden Stelle mit
Olivenöl manchmal die
Beschwerden lindern.

Zu den vier Elementen – Erde, Wasser, Feuer, Luft – müsste eigentlich ein fünftes hinzugefügt werden, die *Olive*.

Willis Barnstone (geb. 1927)
Poet

Thunfischfilet mit Kirschtomaten

Für 6 Personen: • Petersilie • Thymian • Oregano • **1** Knoblauchzehe • **6 EL** Olivenöl Extra Vergine • **200 g** Kirschtomaten • **1 Stück** Thunfisch (ca. 800 g) • Salz und Pfeffer

Die Kräuter waschen, trocken schütteln und fein wiegen. Den Knoblauch abziehen und zerdrücken. Kräuter und Knoblauch mit dem Öl und etwas Salz vermischen. Den Thunfisch filetieren, auf ein Tablett legen, mit dem Kräuteröl marinieren und 1 Stunde im Kühlschrank ruhen lassen. Den Backofen auf 200 °C (Umluft 180 °C) vorheizen und die Tomaten halbieren. Die Filets in eine Auflaufform legen und die halbierten Tomaten dazugeben. Alles mit der Marinade beträufeln und 10 Minuten im Ofen backen. Noch heiß servieren.

10 Minuten   10 Minuten   leicht   Metodo Classico Franciacorta Rosé

*S*chnittlauch wird vorwiegend roh verwendet, um Fisch, Kartoffel- und Eiergerichte, Frischkäse oder Suppen zu verfeinern.

Gemischtes frittiertes Gemüse

Für 4 Personen: • **8** Zucchiniblüten • **2** Zucchini • **1** Aubergine • **100 g** Mehl • **20 g** Maismehl • Pflanzenöl zum Frittieren • Mineralwasser • Salz und Pfeffer

Von den Zucchiniblüten den Stiel entfernen und mit feuchtem Küchenkrepp reinigen. Die Zucchini und die Aubergine waschen, trocknen und in ca. 5 cm lange Stifte schneiden. Die beiden Mehlsorten in einer Schüssel mischen, etwas Mineralwasser dazugeben und mit einem Rührbesen daraus einen flüssigen, klumpenfreien Teig herstellen. Das Öl zum Frittieren erhitzen. Das Gemüse in den Teig tauchen und im gut erhitzten Öl goldbraun ausbacken. Das Gemüse herausnehmen und auf Küchenkrepp abtropfen lassen. Noch heiß servieren.

 *20 Minuten*  *10 Minuten*  *leicht*  *Alto Adige Müller Thurgau*

*T*alismane aus Olivenholz lassen angeblich *Träume* wahr werden, wenn sie mit Öl benetzt werden.

*U*ntersuchungen haben ergeben, dass Olivenöl einen positiven Einfluss auf die Entwicklung von Gehirn und Nervensystem hat, insbesondere in der frühen Kindheit.

Salat mit Ingwer

Für 4 Personen

Für den Salat: • **3** Karotten • **1 Bund** Rucola • **1 Kopf** Chicorée

Für das Dressing: • Saft einer **½** Zitrone • **1 Stück** frischer Ingwer • **2 EL** Sesamsamen

• **3 EL** Olivenöl Extra Vergine • Salz und Pfeffer

Die Karotten schälen, in feine Stifte schneiden und 5 Minuten in kaltes Wasser legen. Den Ingwer reiben und den Saft auspressen. Dann die Karottenstifte mit Zitronensaft, Öl und dem Saft des Ingwers beträufeln. Den Sesamsamen in einer antihaftbeschichteten Pfanne anrösten. Die Rucola behutsam waschen und trocknen. Den Chicorée waschen, trocknen und fein schneiden. Alles mit den marinierten Karotten und dem gerösteten Sesam vermischen und mit Öl, Salz und Pfeffer würzen.

10 Minuten 5 Minuten leicht Bolgheri Bianco

*W*acholder wird in kleinen Mengen zum Würzen von Wild und Schmorfleisch verwendet. Es ist empfehlenswert, den Wacholder nur während des Garvorgangs beizufügen und ihn kurz vor dem Servieren wieder zu entfernen.

Garnelen im Knuspermantel

Für 4 Personen: • **24** frische Garnelen • **1 Tüte** Safran • **200 g** Reisnudeln • **20 g** frischer Ingwer • **1 EL** Olivenöl Extra Vergine • Salz und Pfeffer

Die Garnelen bis auf den Kopf und den Schwanz schälen. Den Ingwer reiben und mit Olivenöl und etwas Salz und Pfeffer vermischen. Die Garnelen damit marinieren. Wasser zum Kochen bringen, den Safran zugeben und darin die Reisnudeln 2–3 Minuten kochen und abschütten. Unter fließend kaltem Wasser abkühlen und auf einem Tablett ausbreiten. Die geschälten Stellen der Garnelen mit Reisnudeln umwickeln und in ausreichend heißem Öl ausbacken. Die Garnelen auf einem Stück Küchenkrepp abtropfen lassen, salzen und sofort servieren.

 *15 Minuten*    *10 Minuten*    *leicht*    *Gavi di Rovereto*

Olivenöl wird häufig zur Seifenherstellung eingesetzt. Früher fand es auch Verwendung als Heilmittel und als Brennstoff für die Öllampen.

Der lateinische Schriftsteller und Naturforscher Plinius d. Ä. (23–79 n. Chr.) war der Ansicht, dass hauptsächlich zwei Flüssigkeiten wohltuend für den menschlichen Körper seien: der Wein zur inneren Anwendung, das Öl zur äußeren Anwendung.

Kartoffeln in grüner Soße mit Zitrone

Für 4 Personen

Für die Kartoffeln:

- **5–6** Kartoffeln, gelbfleischig
- **2 Zweige** Rosmarin

Für die Soße:

- **1** Ei
- **1 Bund** Petersilie

- **1** Knoblauchzehe
- **6 EL** Olivenöl Extra Vergine
- **1** Zitrone, unbehandelt
- **1 Prise** Chilipulver
- Salz und Pfeffer

 *15 Minuten*  *10 Minuten*  *leicht*  *Lacryma Christi Bianco*

Kartoffeln in grüner Soße mit Zitrone

Die Kartoffeln schälen, waschen und in Scheiben schneiden. In einem Dampftopf 3 Gläser Wasser (ca. 750 ml) erhitzen, den gewaschenen Rosmarin zugeben und die Kartoffeln im Dampf garen. In der Zwischenzeit das Ei hart kochen, pellen und das Eiweiß entfernen. Die Petersilie waschen, trocken schütteln und grob zerkleinern. Zusammen mit dem abgezogenen Knoblauch, dem Eiweiß, Salz, Pfeffer und Olivenöl mit dem Pürierstab zu einer geschmeidigen Creme pürieren. Die Creme mit Zitronensaft, etwas Zitronenschale und Chilipulver würzen und beiseitestellen. Die Kartoffeln aus dem Sieb des Dampftopfs nehmen, auf einem Servierteller anrichten und mit der grünen Soße übergießen.

Interessant!

Der schärfste Teil der Peperoni ist die Spitze. Wenn man einem Gericht nur eine leichte Schärfe verleihen möchte, genügt es, die Spitze und die Samen zu entfernen, bevor der Rest mit den Zutaten vermischt wird.

*D*ie Myrte hat ein besonderes und ausgesprochen kräftiges Aroma. Man verwendet sie zum Würzen von Braten und Grillfleisch oder auch zur Zubereitung von Likören und Schnäpsen.

Kalabresisches Paprikagemüse

Für 4 Personen: • **800 g** Paprika • **500 g** Auberginen • **4** Tomaten • Basilikum • Olivenöl Extra Vergine • Salz

Die Auberginen waschen, trocknen und in Würfel schneiden, salzen und ruhen lassen, bis sie Wasser ziehen. Die Tomaten heiß überbrühen, häuten, entkernen und ebenfalls würfeln. Die Auberginen abtropfen lassen, etwas auswringen und in reichlich Öl braten. Danach auf Küchenkrepp abtropfen lassen. Die Paprika waschen, trocknen, von Stielansatz und Kernen befreien und in Stücke schneiden. Die Paprika separat anbraten. Ebenso die Tomaten in etwas Öl anbraten und schließlich Auberginen und Paprika dazugeben. Mit Oregano und einigen Basilikumblättern würzen. Das Gemüse vor dem Servieren noch etwas ziehen lassen.

20 Minuten 40 Minuten leicht Bianco di Enotria

*O*livenöl steigert den Anteil an „gutem Cholesterin", das die Ablagerung von Fett in den Blutgefäßen verhindert.

Kümmel wird zur Zubereitung von besonders schmackhaften Fleischsorten wie z. B. Lamm verwendet und zur Herstellung einiger Brotsorten.

Frittierter Lauch

Für 4 Personen: • **2** Stangen Lauch • **4 EL** Mehl • **1 EL** Natron • Pflanzenöl zum Frittieren • Salz

Den Lauch waschen, trocknen und die grünen Pflanzenteile entfernen. Längs jeweils halbieren und dann in feine lange Streifchen schneiden. Die Lauchstreifchen in ausreichend kaltes Wasser legen und in den Kühlschrank stellen. In einer Pfanne reichlich Öl erhitzen und den abgetropften Lauch mit Mehl und Natron bestäuben. Portionsweise im heißen Öl braten. Sobald der Lauch goldbraun ist, herausnehmen, auf Küchenkrepp abtropfen lassen und vor dem Servieren leicht salzen.

 *5 Minuten*    *5 Minuten*    *leicht*    *Elba Spumante*

*M*aiskeimöl sollte nicht zum Frittieren verwendet werden, weil es für sehr hohe Temperaturen nicht geeignet ist. Es eignet sich aber sehr gut zur Zubereitung von Salaten und leichten Gerichten.

Die jungen Triebe der Katzenminze passen sehr gut zu Salaten und können ebenso zum Würzen von Fleisch, Wild und Soßen verwendet werden.

Tempura aus kleinen Kalmaren

Für 4 Personen: • **2** Karotten • **4–5** Spargel • **1** Zucchini • **100 g** Mehl • Mineralwasser • **350 g** kleine Kalmare • Pflanzenöl • Salz und Pfeffer

Die Karotten schälen und in sehr dünne Streifen schneiden. Den Spargel waschen, schälen, die harten Enden entfernen und längs in Scheiben schneiden. In gleicher Weise auch die Zucchini schneiden. Aus Mehl und kaltem Mineralwasser einen Frittierteig herstellen.

Die kleinen Kalmare unter fließend kaltem Wasser reinigen und mit Küchenkrepp trocken tupfen. Das Gemüse und anschließend die kleinen Kalmare in den Teig tauchen und im heißen Öl ausbacken. Auf Küchenkrepp abtropfen lassen und nach Belieben salzen und pfeffern.

 *20 Minuten*  *20 Minuten*  *leicht*  *Metodo Classico Franciacorta Rosé*

Der athenische Staatsmann Solon (ca. 638–558 v. Chr.) erließ das erste Gesetz zum Schutz der Olivenbäume.

*S*eine Wangen sind wie Balsambeete,
in denen Gewürzkräuter wachsen.

Hohelied, 5.13

Thunfisch mit Minze, Tomaten und Zwiebel

Für 6 Personen

Für den Thunfisch:

- **1 kg** frischen Thunfisch (am Stück)
- **einige** Minzeblättchen
- **1** Knoblauchzehe
- **3 EL** Olivenöl Extra Vergine
- **200–250 ml** Weißwein

Für die Soße:

- **600 g** Tomaten
- **3 EL** Olivenöl Extra Vergine
- **1** Zwiebel
- Salz und Pfeffer

 30 Minuten    40 Minuten    leicht    Catarratto

Thunfisch mit Minze, Tomaten und Zwiebel

Den Thunfisch putzen, unter fließend kaltem Wasser reinigen und mit Küchenkrepp trocken tupfen. Die Minzeblättchen waschen und trocknen, den Knoblauch abziehen und in dünne Scheiben schneiden. Den Thunfisch in dicke Scheiben schneiden und in einer Pfanne mit Öl, Minzeblättchen und Knoblauch bräunen. Salzen, mit Weißwein ablöschen und etwas ziehen lassen.

Die Tomaten mit heißem Wasser überbrühen, enthäuten, entkernen und in grobe Stücke schneiden. Die Zwiebel schälen, hacken und in Öl anbräunen. Die Tomaten dazugeben, mit Salz und Pfeffer abschmecken und 10 Minuten köcheln lassen. Die Tomaten und 200 ml heißes Wasser zum Thunfisch in die Pfanne geben und alles weitere 20 Minuten abgedeckt köcheln lassen. Etwas abkühlen lassen und mit einigen Lorbeerblättern dekoriert servieren.

Und noch eine Idee …

Den Tomaten können auch jeweils ½ rote und gelbe Paprika hinzugefügt werden, die zuvor in feine Scheiben geschnitten wurden. Bevor sie zur Soße gegeben werden, sollten die Paprika enthäutet werden. Dazu erhitzt man sie rasch im Ofen und lässt sie dann in einem Plastikbeutel etwas schwitzen.

*S*almischungen eignen sich vorzüglich zum Würzen von Braten oder Grillfleisch. Sie sind ganz leicht herzustellen, indem gut getrocknete Kräuter mit grobem oder feinem Salz vermischt werden.

Pfeilkalmare in Sesam-Tempura

Für 4 Personen

Für die Tempura:

- **400 g** kleine Pfeilkalmare
- **1 EL** Sesamsamen
- **50 g** Mehl
- **30 g** Reismehl
- **20 g** Speisestärke
- Mineralwasser
- Pflanzenöl
- Salz und Pfeffer

Für den Salat:

- **1 Strauß** Pflücksalat
- **2 EL** Olivenöl Extra Vergine
- Saft einer **½** Zitrone
- Salz

 15 Minuten    10 Minuten    leicht    Ribolla Gialla

Pfeilkalmare in Sesam-Tempura

Den Pflücksalat waschen und trocknen. Die Pfeilkalmare ausnehmen, dabei das innere Knöchelchen und das Auge entfernen. Anschließend unter fließend kaltem Wasser waschen und in Ringe schneiden. Die Sesamsamen in einer antihaftbeschichteten Pfanne goldbraun anrösten. Die beiden Mehlsorten in einer Schüssel mischen, Salz, Pfeffer und die Sesamsamen hinzufügen. Etwas Mineralwasser dazugeben und mit einem Schneebesen einen flüssigen und klumpenfreien Teig anrühren. Das Pflanzenöl in einer großen Pfanne mit hohem Rand erhitzen, die Kalmare in den Teig tauchen und ca. 30 Sekunden ausbacken. Auf Küchenkrepp abtropfen lassen und etwas salzen. Aus Olivenöl, Salz und dem Zitronensaft eine Salatsoße herstellen und den Salat damit würzen. Die Kalmare mit dem Salat servieren.

*O*livenöl kommt auch bei der Körperpflege häufig zum Einsatz. Schon Salvador Dalí war nahezu verrückt nach Olivenöl: Er verwendete es für den ganzen Körper, insbesondere aber zur Kräftigung der Haare.

Die Lüge, wie auch das Öl, schwimmt auf der Oberfläche der *Wahrheit*.

Henryk Sienkiewicz (1846–1916)
Schriftsteller

Aioli

Für 4 Personen: • **4** Knoblauchzehen • **200 ml** Milch • **5 EL** Olivenöl Extra Vergine • grobes Salz

Die Knoblauchzehen abziehen und das Innere entfernen. Die Milch erhitzen und den Knoblauch darin 10 Minuten köcheln lassen. Die Milch abgießen und den Knoblauch in einen Mörser geben. Grobes Salz und Olivenöl dazugeben und alles zu einem weichen Brei zerstoßen.

Aioli kann zu Suppen, gekochtem Gemüse, hart gekochten Eiern, gegrilltem Fisch und insbesondere zu Lachs gereicht werden.

 20 Minuten 10 Minuten leicht

Lorbeer wird zum Würzen von verschiedenen Soßen verwendet. Er passt besonders gut zu Fisch, Wild und Hülsenfrüchten.

*N*och angenehmer als unter Blumen
duftet es unter der Nase.

Sengai (1750–1837)
Künstler und Gelehrter

Bisque aus Schalentieren

Für 4 Personen: • **1** Tomate • **2 Stangen** Sellerie • **2** Karotten • **1** Zwiebel • **3 EL** Olivenöl Extra Vergine • **3 Körner** schwarzer Pfeffer • **300 g** Garnelenschalen und -köpfe (oder von anderen Schalentieren) • **125 ml** Weißwein • glatte Petersilie, gehackt • Salz

Die Tomate mit heißem Wasser überbrühen, die Haut abziehen und würfeln. Das Gemüse schälen und in Scheiben schneiden. Die Zwiebel abziehen und hacken. Das Gemüse in Öl anbraten und die Pfefferkörner dazugeben. Die Schalen der Schalentiere hinzufügen, alles 3 Minuten braten und mit Weißwein ablöschen. Etwas einkochen lassen und anschließend Wasser angießen. Tomaten und Petersilie zugeben. 30 Minuten auf ⅓ der Menge einkochen lassen, salzen und anschließend durch ein Sieb passieren. Die Bisque kann als Grundlage für Fischsoßen verwendet werden.

 15 Minuten  45 Minuten  leicht

*D*er römische Kaiser
Septimius Severus
(146–211) ließ an
die Stadtbevölkerung
kostenlos Öl verteilen.

Zitronette

Für 4 Personen: • **1** Zitrone • **8 EL** Olivenöl Extra Vergine • Kräuter nach Belieben (Thymian, Salbei, Lorbeer, Majoran) • Salz

Die Zitrone auspressen und den Saft durch ein Sieb geben. Salz hinzufügen und vollständig im Zitronensaft auflösen. Olivenöl dazugeben und alles mit einem kleinen Schneebesen oder einer Gabel zu einer Emulsion verrühren. Die Kräuter waschen, trocken schütteln, fein wiegen und zu der Zitronette geben. Die gewählten Kräuter sollten auf das Gericht abgestimmt sein, zu dem die Zitronette gereicht werden soll: Anis und Fenchel sind für Fischgerichte gut geeignet, Petersilie, Rosmarin, Salbei und Thymian passen gut zu weißem Fleisch.

 10 Minuten   leicht

Küchenkräuter sind unersetzliche Zutaten beim Kochen. Sie sind reich an intensiven Geschmacksstoffen und geben den Gerichten eine unverwechselbare Note.

1% des weltweit produzierten Olivenöls wird in der pharmazeutischen Industrie verarbeitet. Olivenöl wirkt gut gegen Verstopfung und kann auch als Brechmittel eingesetzt werden.

Eingelegtes Gemüse

Für 1 Einmachglas:

- **2** Karotten
- **1** große Zwiebel
- **2 Stangen** Sellerie
- **1 Stück** Lauch

- **1** frische Peperoni
- **200 ml** Olivenöl Extra Vergine
- Salz und Pfeffer

 *25 Minuten*    *10 Minuten*    *leicht*

Eingelegtes Gemüse

Die Karotten schälen und die Zwiebel abziehen. Die Selleriestangen waschen und die äußeren Fäden abziehen. Die Peperoni in der Mitte aufschneiden, waschen, trocknen, die Samen entfernen, die Spitze abschneiden und fein hacken. Die Karotten und den Sellerie würfeln, die Zwiebel und den Lauch grob hacken. Die Hälfte des Olivenöls erhitzen und darin die Peperoni, den Lauch und die Zwiebel kurz andünsten. Dann die Karotten und den Sellerie dazugeben und alles 2 Minuten weiterdünsten, mit Salz und Pfeffer abschmecken. Ein Glasgefäß sterilisieren und die Gemüsemischung einfüllen, mit dem restlichen Öl abdecken und verschließen. Das Gemüse kann 2–3 Tage im Kühlschrank gelagert oder auf herkömmliche Weise länger haltbar gemacht werden. Diese Gemüsemischung in Öl ist gut geeignet zum Marinieren von Gemüse oder Fisch vor dem Garen, insbesondere Makrelen, Sardellen oder Sardinen.

Und noch eine Idee …

Wer eine mildere Variante dieses Rezeptes bevorzugt, kann die Peperoni durch frischen, in Scheiben geschnittenen Knoblauch und Ingwer ersetzen und etwas wilden Fenchel dazugeben.

*B*ei den Olympischen Spielen in der Antike wurde den Siegern als einzige Belohnung ein Olivenzweig überreicht – ein Zeichen für Brüderlichkeit und Frieden.

Grapefruitöl mit frischem Knoblauch

Für 4 Personen: • **4** Knoblauchzehen • **1 Bund** Schnittlauch • **1 rosa** Grapefruit, unbehandelt • **6 EL** Olivenöl Extra Vergine, mild • Salz und Pfeffer

Den Knoblauch abziehen und das Innere entfernen, dann den Knoblauch in feine Scheiben schneiden. Den Schnittlauch fein schneiden. Die Grapefruit waschen und schälen. Die Schale in hauchdünne Streifen schneiden und mit dem Knoblauch und dem Schnittlauch vermischen. Olivenöl erhitzen und alle Zutaten hineingeben. Schon nach wenigen Sekunden den Topf vom Herd nehmen und die Mischung 1 Tag lang ziehen lassen. Mit Salz und Pfeffer kräftig würzen. Die Ölmischung ist gut geeignet zum Marinieren und Würzen von gegrilltem Fisch.

 *10 Minuten*  *1 Minute*  *leicht*

Die Öle, die in der Malerei verwendet werden, sind Pflanzenöle. Sie werden hergestellt aus Leinsamen, Mohnsamen, Walnüssen und Hanf.

*I*ch habe es für alles verwendet. Am Morgen habe ich mein geröstetes Brot in einen Teller mit Olivenöl getaucht, in dem eine Vielzahl von Sardellen umherschwamm.

Salvador Dalí (1904–1989)
Künstler

Pesto alla Genovese

Für 6 Personen: • **3–4** Knoblauchzehen • **35–40 Blätter** Basilikum • **2 EL** Pecorino, gerieben • **2 EL** Parmesan, gerieben • **8 EL** Olivenöl Extra Vergine • grobes Salz

Den Knoblauch abziehen. Den Basilikum waschen, trocknen und im Mörser mit Salz und Knoblauch zerstoßen. Wenn alles gut zerkleinert ist, den Schafskäse und den Parmesan dazugeben und die Mischung weiter mit einem Holzlöffel zu einer geschmeidigen Masse verrühren. Langsam und behutsam das Olivenöl dazugeben und so unter ständigem Rühren eine gleichmäßige Creme herstellen.

 10 Minuten ⌂ leicht

Zur Herstellung eines Basilikumöls gibt man die Basilikumblätter in 1 Liter Öl und lässt sie darin ziehen. Mit dem fertigen Öl kann man zahlreichen Speisen eine besondere Note verleihen.

Rucola-Pesto

Für 4 Personen: • **2 Bund** Rucola • **1 EL** Pinienkerne • **4 EL** Olivenöl Extra Vergine • Salz

Die Rucola waschen und trocknen. Die Pinienkerne in einer antihaft-beschichteten Pfanne unter ständigem Wenden rösten. Alle Zutaten in einen Mixer geben, Salz und Olivenöl hinzufügen und alles pürieren. Den Püriervorgang gelegentlich unterbrechen, damit das Schneidemesser nicht heiß und die Rucola infolgedessen nicht braun wird.
Das Pesto kann mit Ricotta-Käse zu kalten Nudelgerichten gereicht werden oder als Soße zu gegrilltem oder dampfgegartem Fisch.

 20 Minuten  5 Minuten  leicht

Kokosöl und Kokosbutter werden nicht nur zur Margarineherstellung und in der Küche, sondern ebenso zur Produktion von pharmazeutischen und kosmetischen Produkten verwendet.

*W*enn Sie Frittierfett, in dem bereits Fisch gegart worden ist, zur Zubereitung von anderen Lebensmitteln verwenden wollen, sollten Sie etwas Zitronensaft auf das leicht erwärmte Fett träufeln.

Aus dem Kalender von:
Frate Indovino

Paprikasoße

Für 4 Personen: • **1** große rote Paprika • **5 EL** Olivenöl Extra Vergine • **1 EL** Quark (oder süße Sahne) • weißer Pfeffer • Salz

Den Backofen auf 190 °C (Umluft 170 °C) vorheizen. Die Paprika halbieren, waschen und die Kerne entfernen. Die Haut mit Öl einfetten und im Ofen ca. 20 Minuten garen. Die Paprika noch heiß in einen Plastikbeutel geben und sie etwas schwitzen lassen. Die Haut abziehen und die Paprika mit Öl einfetten. Dann in Stücke schneiden und mit dem restlichen Öl sowie etwas Salz und Pfeffer mit dem Pürierstab pürieren. Die Creme mit Quark oder Sahne verrühren und im Kühlschrank abkühlen lassen. Die Soße kann zu Spargel oder gegrillten Auberginen serviert werden.

 *20 Minuten*    *30 Minuten*    *leicht*

*D*er Anbau von Oliven in Italien hat im 17. Jahrhundert stark zugenommen. Infolgedessen wurden Olivenhaine zu einem landschaftlichen Merkmal der italienischen Küsten und Seeufer.

Relish aus Lachs und Zucchini

Für 4 Personen: • **150 g** Räucherlachs • **3** kleine Zucchini mit Blüte • **1** Schalotte • **1 TL** Sesamsamen • **2 EL** Olivenöl Extra Vergine • **1 EL** Petersilie, gehackt • weißer Pfeffer

Die Zucchini waschen, trocknen und das Innere entfernen. Die Zucchini fein würfeln. Den Lachs in kleine Stücke schneiden. Die Schalotte hacken und im Öl glasig dünsten. Die Zucchini und die Zucchiniblüten zufügen, kurz danach den Lachs dazugeben. Das Ganze weitere drei Minuten erhitzen, dann mit der Petersilie bestreuen und abkühlen lassen. Den Sesam in einer Pfanne rösten und dem Relish beifügen. Das Relish vor dem Servieren kalt stellen und zu kalten Nudelgerichten oder gekochten Kartoffeln reichen.

 *10 Minuten*    *10 Minuten*    *leicht*

*E*s ist sinnvoll, den Mechanismus der Freundschaft gelegentlich mit dem Öl der Freundlichkeit zu pflegen.

Sidonie-Gabrielle Colette (1873–1954) Schriftstellerin

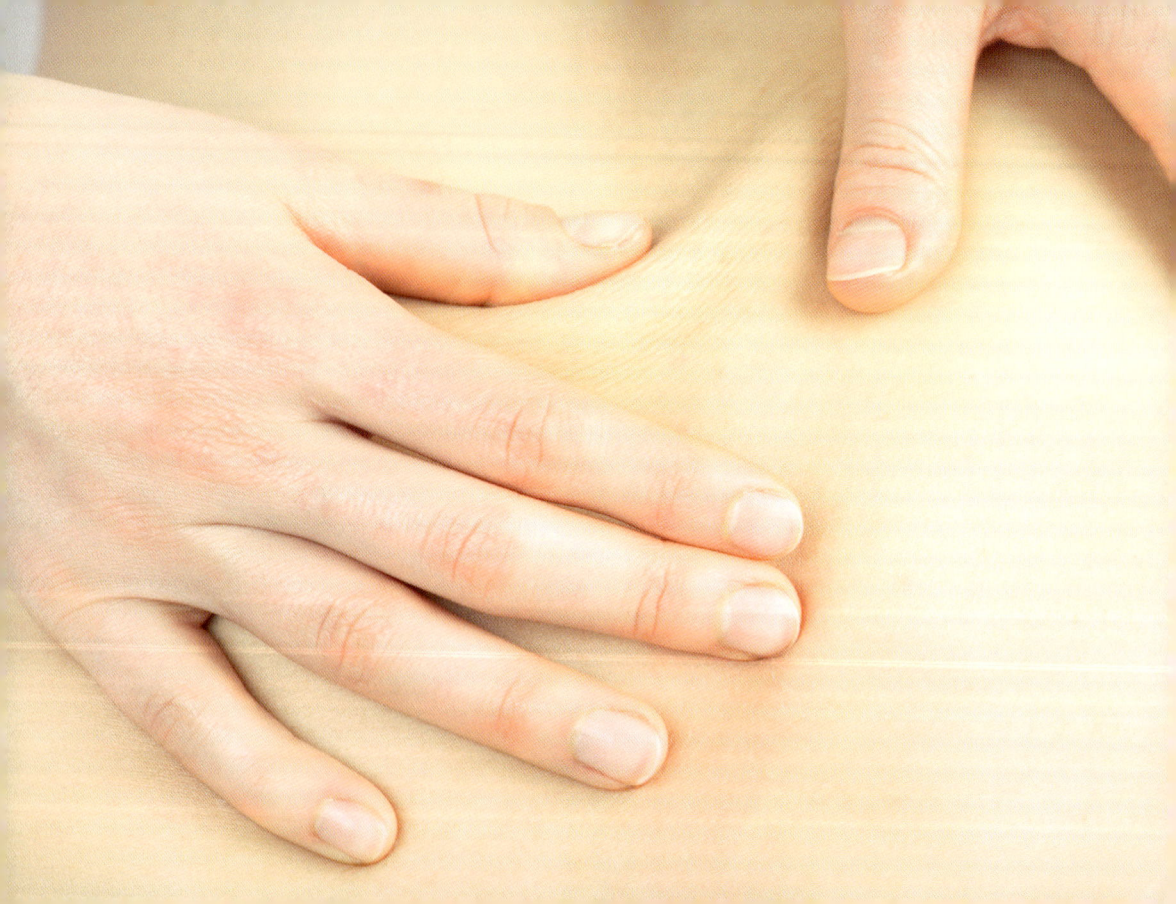

Olivenöl ist gut geeignet zum Massieren, weil es die Haut geschmeidig und weich macht. Das darin enthaltene Vitamin E kräftigt die Haut und verleiht ihr Elastizität.

Delikate grüne Soße

Für 4 Personen: • **2 Handvoll** Petersilienblätter • **1** Ei • **1** Knoblauchzehe • **1** unbehandelte Zitrone • **1 EL** Primosale-Käse, gerieben • **6 EL** Olivenöl Extra Vergine • Salz und Pfeffer

Die Petersilie waschen und trocknen. Das Ei 7 Minuten kochen, abschrecken, pellen und zerteilen. Den Knoblauch abziehen. Die Zitrone waschen und die Schale abreiben. Ei und Petersilie im Mixer pürieren und den Primosale-Käse sowie den Knoblauch zufügen. Etwas Salz, Pfeffer und die Zitronenschale dazugeben und mit dem Öl zu einer Creme verrühren. Die grüne Soße kann zu gegrilltem Fleisch gereicht werden und passt besonders gut zu Schweinefleisch.

 10 Minuten    7 Minuten    leicht

*A*us 6 getrockneten Chilischoten, 1 Lorbeerblatt und 1 Liter Olivenöl lässt sich ein würziges Kräuteröl herstellen. Lassen Sie das Öl 4 Wochen ziehen. Danach kann es zum Marinieren von Fleisch und Fisch sowie zum Würzen von Gemüse oder frischen Salaten verwendet werden.

Vinaigrette mit Balsamessig

Für 4 Personen: • **3 EL** Balsamessig • **8 EL** Olivenöl Extra Vergine • **½ TL** Salz • schwarzer Pfeffer

Salz und Essig mit einem Schneebesen oder einer Gabel verrühren. Pfeffer und Öl dazugeben und alles sorgfältig vermischen.
Um eine dickflüssige Creme herzustellen, kann die Mischung auch mit einem Pürierstab verrührt werden.
Diese Vinaigrette passt gut zu Pinzmonio und zu gemischtem Salat.

 5 Minuten   leicht

Vor der Entwicklung der Wundnaht wurde über Jahrtausende Olivenöl zur Wundheilung bei Schnittwunden eingesetzt.

Die menschliche Nase ist in der Lage, ungefähr 5000 verschiedene Gerüche wahrzunehmen und wiederzuerkennen.

San-Giuseppe-Krapfen

Für 4 Personen

- **200 g** Vollkornreis
- **250 ml** Reismilch
- **1** unbehandelte Zitrone
- **½ TL** Zimt
- **½ TL** Vanillepulver
- **5 EL** Maismalz

- **2** Eier
- **2 EL** Kokosflocken
- Salz
- Sesamöl oder Maiskeimöl zum Frittieren

 40 Minuten  20 Minuten  leicht  Asti Moscato Spumante

San-Giuseppe-Krapfen

Den Vollkornreis in der Reismilch zusammen mit 250 ml Wasser 30 Minuten kochen. Die Zitrone waschen und die Schale abreiben. Etwas Salz, Vanille, Zimt und Zitronenschale zum Reis geben. Die Mischung 20 Minuten ruhen lassen, dann mit dem Maismalz süßen, die Eier zufügen und alles gut durchrühren. Das Öl in einer großen Pfanne mit hohem Rand erhitzen und die Reismasse löffelweise ins heiße Öl geben. Die Krapfen goldbraun ausbacken, herausnehmen und in Kokosflocken wälzen. Noch heiß servieren.

Und noch eine Idee …

Die Reismasse 1 Stunde im Kühlschrank ruhen lassen, dann in einen Spritzbeutel füllen und kleine Rädchen auf eine leicht eingeölte Arbeitsunterlage spritzen. Die Rädchen im heißen Öl ausbacken und herausnehmen und abtropfen lassen, sobald sie goldbraun sind. Nach Belieben mit bunten Zuckerstreuseln bestreuen.

*D*as besondere Aroma von Küchenkräutern und Gewürzen beruht auf bestimmten chemischen Verbindungen. Um diese als Geschmack wahrnehmen zu können, benötigt man vor allem einen guten Geruchssinn.

Olivenöl beugt Herz-Kreislauf-Erkrankungen vor, senkt einen hohen Blutdruck und verringert den Cholesteringehalt im Blut.

Süße Krapfen mit Apfel und Radicchio

Für 4 Personen

- **1** Apfel (Golden Delicious)
- Saft einer **½** Zitrone
- **2 TL** Rohrzucker
- **1** Nelke
- **1 Stange** Zimt
- **4** Brioches (ca. 120 g)
- **50 ml** Milch

- **1 EL** Marsala
- **½** Radicchio
- **2** Eier
- **3 EL** Zucker
- **100 g** Semmelbrösel
- Öl zum Frittieren

 30 Minuten  25 Minuten  leicht  Cartizze

Süße Krapfen mit Apfel und Radicchio

Den Apfel schälen und entkernen, das Fruchtfleisch in kleine Stücke schneiden und mit Zitronensaft beträufeln. Die Schale in einen Topf geben, Rohrzucker, Nelke und Zimt dazugeben und mit Wasser bedeckt 15 Minuten bei geringer Hitze köcheln lassen. In der Zwischenzeit die Brioches in Milch und Marsala einweichen. Den Radicchio waschen, trocknen, die harten, weißen Blattteile entfernen und den Rest in sehr feine Streifen schneiden. Die Eier mit dem Zucker aufschlagen und mit den Apfelstückchen, dem Radicchio und den ausgedrückten Brioches vermischen. Alles gut verrühren, mit einem Löffel kleine Bällchen formen, diese im Kühlschrank ruhen lassen und vor dem Ausbacken in den Semmelbröseln wälzen. Den Apfelschalen-Sud zu einer Soße pürieren, zuvor die Gewürze entfernen und alles durch ein Sieb passieren. Die Apfelbällchen im heißen Öl ausbacken und auf Küchenkrepp abtropfen lassen. Vor dem Servieren in etwas Zucker wälzen und mit der kalten Soße anrichten.

*W*enn in den Kochbüchern des 19. Jahrhunderts von einer Prise Gewürz die Rede ist, waren damit Zimt, Nelken, Muskatnuss und Pfeffer gemeint.

*W*enn Speisen mit Essig, Salz und Öl gewürzt werden, vermischt man zuerst Essig und Salz und gibt erst dann Öl dazu, weil sich das Salz im kalten Öl nicht auflöst.

Aus dem Kalender von:
Frate Indovino

Erdbeeren im Teigmantel

Für 4 Personen

Für die Erdbeeren:

- **1 Schälchen** Erdbeeren
- **1 EL** Puderzucker
- **50 g** Mehl
- Mineralwasser
- **1** Eiweiß
- **1 EL** Zucker
- Öl zum Frittieren

Für die Soße:

- **1TL** Kondensmilch
- **100 ml** Milch
- **1 EL** süße Sahne

Zum Dekorieren:

- **1 TL** Kakaopulver

 15 Minuten    10 Minuten    leicht    Asti Moscato Spumante

Erdbeeren im Teigmantel

Die Erdbeeren waschen und putzen. Die Kondensmilch mit einer kleinen Menge Milch verdünnen, dann den Rest der Milch und die süße Sahne dazugeben. Die Milchmischung in den Kühlschrank stellen. In der Zwischenzeit den Puderzucker zum Mehl geben, verrühren und so viel Mineralwasser wie nötig angießen, um einen cremigen Teig zu erhalten. Das Eiweiß schlagen und vorsichtig unter den cremigen Teig ziehen. Das Öl in einem Topf erhitzen, die Erdbeeren in den Teig tauchen und dann im Öl ausbacken. Nach dem Herausnehmen auf Küchenkrepp abtropfen lassen und mit Zucker bestreuen. Die Milchmischung mit den Rührbesen des Handrührgerätes aufschlagen und mit etwas Kakao bestreut zu den Erdbeeren servieren.

*V*anille und Zitronenschale sind klassische Gewürze zum Backen, die besonders häufig verwendet werden.

*S*chon im alten Ägypten spielte Olivenöl dank seiner pflegenden Eigenschaften in der Naturkosmetik die Hauptrolle.

*E*inen guten Salat zuzubereiten, ist das
Gleiche wie ein guter Diplomat zu sein:
In beiden Fällen muss man genau wissen,
wie viel Öl und wie viel Essig nötig sind.

Oscar Wilde (1854–1900)
Schriftsteller

Rezeptregister

Erstveröffentlichung unter dem Titel: „Oli e Aromi"
© 2008 Food S.r.l.
Via Mazzini 6, 43121 Parma, Italien
Telefon: +39(0)521 388510
Telefax: +39(0)521 388517
www.gruppofood.com

Genehmigte Lizenzausgabe
tosa GmbH
Fränkisch-Crumbach 2012
www.tosa-verlag.de

ISBN 978-3-86313-255-2

Bildrechte:
Cover: Shutterstock Liv friis-larsen
Innen: ©Ablestock, ZouZou 150–151